AF234228

JEU

DES

Préludes Harmoniques

ou

Compas ou Boussole

des deux Echelles de la Gamme Musicale

dans les deux Modes majeurs et mineurs par thèses ou par thémate

par le Chevalier

H. M. BERTON,

Membre de l'Institut,

Officier de la Légion d'Honneur, Inspecteur et Professeur

au Conservatoire Royal de Musique

2.me Edition.   Prix net 2.^f25

PARIS chez S. RICHAULT, Editeur, boulevard Poissonnière, 26 au 1.er

Propriété de l'Editeur

NOTE

DE L'ÉDITEUR DE CETTE 2ᵐᵉ ÉDITION.

Castil-Blaze Dans son Dictionnaire de Musique Moderne dit au mot *Prélude*.

« M. Berton à trouvé un moyen fort ingénieux pour apprendre aux
« jeunes élèves à faire des préludes réguliers dans tous les Tons et dans
« les deux Modes Quatre Cartes forment ce qu'il appelle jeu des pré-
« ludes harmoniques ou Compas et Boussoles des Gammes Mineurs et
« Majeurs pour tous les Tons par Dièzes et par Bémols etc. »

Ce JOUET HARMONIQUE de l'auteur de Montano fut publié en 1819 et
cette première Édition fut promptement épuisée M. Berton semblait
avoir oublié qu'il eut composé cet œuvre lorsque parcourant le Dictionnaire de Castil-Blaze nous avons lu au mot *Prélude* ce que nous avons
cité plus haut alors nous avons invité M. Berton a nous donner l'autorisation d'en publier une seconde Édition il a bien voulu en y faisant
quelques additions nous accorder cette autorisation et nous nous empres-
sons d'en profiter en mettant au jour cette seconde Édition persuadé que
cette publication sera agréable a tous les amateurs de Musique et fort
utile a tous les jeunes élèves.

INSTRUCTION.

Ce JEU se compose de quatre tableaux; deux de ces tableaux portent
le nom de COMPAS; deux autres, celui de BOUSSOLE.

Les compas démontrent à l'œil que l'étendue de *L'échelle ou gamme mineure* est la même que celle de *L'échelle majeure*, que le
nombre de ♯ ou de ♭ survenus, n'empêche pas la proportion de ces
deux échelles d'être toujours la même, et qu'au contraire, ces accidents
n'ont été imaginés que pour fournir un moyen de niveller toute espèce de gamme sur les types des deux gammes primordiales.

La dissemblance qui existe entre les deux échelles mineure et majeure, gît toute entière dans le placement différent des *Tons et demi-
tons* dont chacune d'elle se compose; car, l'on peut remarquer qu'elle
n'existe que pour deux des intervalles de l'échelle, savoir pour la *Tier-
ce* et la *Sixte* de la *Tonique*, que l'on abaisse chacune d'un *Demi-ton*.

quand on veut transformer une *Echelle majeure en échelle mineure.*

Mais malgré cet abaissement de deux intervalles, comme il n'opère qu'un *Déplacement* de tons et demi-tons, et non un *Retranchement;* l'une et l'autre échelle contiennent toujours la même quantité de dégrés, et une valeur réelle de 6 Tons ou 12 Demi-tons.

PREUVE.

DEGRÉS DE L'ECHELLE.	Placement des tons et des demi-tons dans les deux modes.	
	MAJEUR.	MINEUR.
du 1er au 2me	_ Un Ton _ _	_ Un Ton.
du 2me au 3me	_ Un Ton _ _	_ Un Demi-ton.
du 3me au 4me	_ Un Demi-ton _	_ Un Ton.
du 4me au 5me	_ Un Ton _ _	_ Un Ton.
du 5me au 6me	_ Un Ton _ _	_ Un Demi-ton.
du 6me au 7me	_ Un Ton _ _	_ Trois Demi-ton.
du 7me au 8me	_ Un Demi-ton _	_ Un Demi-ton.
EN SOMME.	5 Tons et 2 Demi-tons	3 Tons et 6 Demi-tons.
	Total. 6 TONS.	Total. 6 TONS.

On a figuré sur chacun des *Compas,* les positions respectives et le placement de chacun des intervalles dont se compose l'échelle à laquelle ils appartiennent, et cela selon le rang qu'ils doivent y occuper. Le point de l'échelle où doivent se placer les tons et les demi-tons selon le mode dans lequel on veut opérer, se trouve indiqué par la grandeur ou la petitesse des pleins qui se trouvent placés entre les huit ouvertures pratiquées sur le *Compas.*

Ces huit ouvertures servent à faire passer en revue tour à tour les trente et une gammes des différens tons qui sont habituellement usitées dans les deux modes.

C'est pour obtenir ces résultats, que l'on a imaginé les *Boussoles*.
Voici la manière d'en faire usage.

Si le ton dans lequel vous voulez procéder appartient au *Mode majeur*, vous prenez le *Compas* de ce mode. S'il appartient au *Mode mineur*, vous prenez le *Compas* mineur. Alors, si votre ton appartient à la série de ceux par ♯, vous prenez la *Boussole* des ♯, ou, s'il appartient à celle des ♭, vous prenez celle des ♭. Cette 1re opération faite, vous placez votre *Boussole* au dessous de votre *Compas*, et l'y promenez jusqu'à ce que la tonique au 1er degré du ton dans lequel vous voulez opérer apparaisse à la 1re ouverture de l'échelle(*) alors vous aurez de suite tous les dégrés de la gamme dans leur ordre et proportion, vous les accompagnerez selon le besoin de ♯ ou de ♭. Indépendamment des huit ouvertures dont on vient de parler, trois autres plus grandes sont pratiquées sur les tableaux. L'une est à la *Tête du Compas*, les deux autres à ses *Pointes*. A celle de la tête apparaît en même tems que la gamme d'un ton, l'accord parfait sur la tonique, à celle de gauche, l'accord parfait, sur la dominante, et à celle de droite l'accord parfait, sur la sous dominante. La *Tonique*, la *Dominante* et la *Sous-dominante*, étant les trois points cardinaux de toute espèce de gamme, et la divisant en deux *Tétracordes* égaux, qui ont pris chacun le nom de PLAGALE et d'AUTHENTIQUE, elles sont les régulatrices de toute succession harmonique, et la racine des deux cadences, principales la *Plagale* et l'*Authentique*.

L'accord parfait sur la tonique est marqué _ _ _ A.
Celui sur la dominante est marqué _ _ _ _ _ B.
Celui sur la sous dominante est marqué _ _ _ _ C.

Ces trois lettres capitales ont été placées sur chacun des Tableaux, dans l'intention d'en rendre l'emploi facile.

Les Exemples suivants vont exposer comment on en doit faire usage.

(*) Toute la musique que les différentes ouvertures des compas laissent entrevoir est supposée notée sur la clef de sol à la 2me ligne.

MODE MAJEUR.

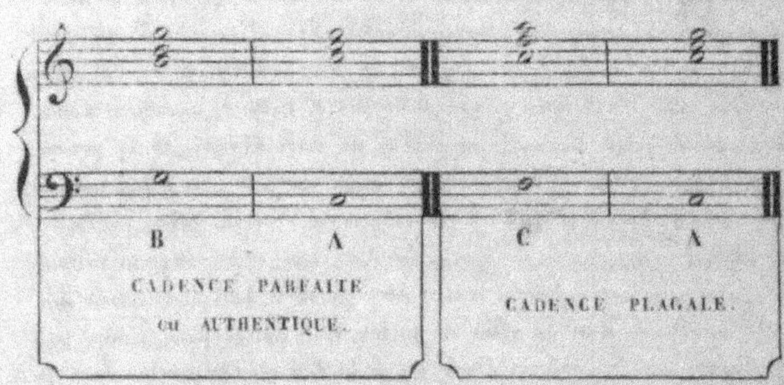

MODE MINEUR.

Comme l'on rencontre tour-à-tour dans les trois différents accords qui constituent ces deux Cadences, tous les intervalles dont se composent l'une et l'autre gamme il est possible d'accompagner harmoniquement mais seulement en accords consonnants, toute espèce de mélodie; il suffit pour cela de procéder de cette manière.

EXEMPLE.

En supposant
qu'une mélodie
soit ainsi conçue,

Vous placez sous chacun des dégrés, la lettre indicative de l'accord au-
quel il appartient
tel ou tel degré
de cette mélodie.

Alors vous au-
rez de suite la
basse de l'harmo-
nie de cette mé-
lodie

Cette Basse à son tour vous indique par l'harmonie qui lui est pro-
pre quels sont les intervalles dont on devra composer l'accompagnement
de la mélodie; et vous aurez le résultat suivant.

EN MODE MAJEUR.

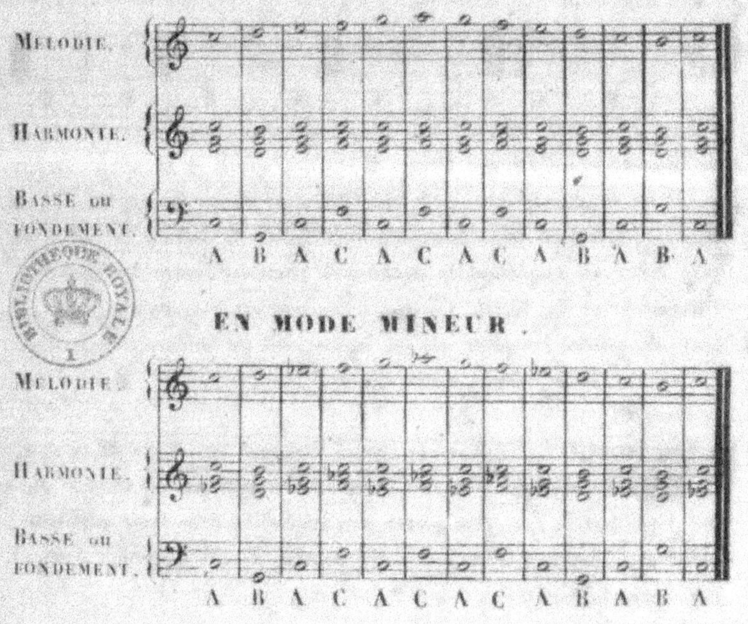

OBSERVATION.

Lorsque par sa nature, une mélodie force la partie grave ou basse à marcher par dégrés conjoints, c'est à-dire, à monter ou descendre d'un dégré: il faut, pour éviter ce qu'on nomme une faute de deux quintes ou deux octaves de suite, faire déscendre toutes les parties de l'harmonie, si la basse monte, et les faire monter si la basse descend.

Ce cas se rencontre toutes les fois que **B** est suivi de **C** ou que **C** est suivi de **B**.

EXEMPLES en UT.

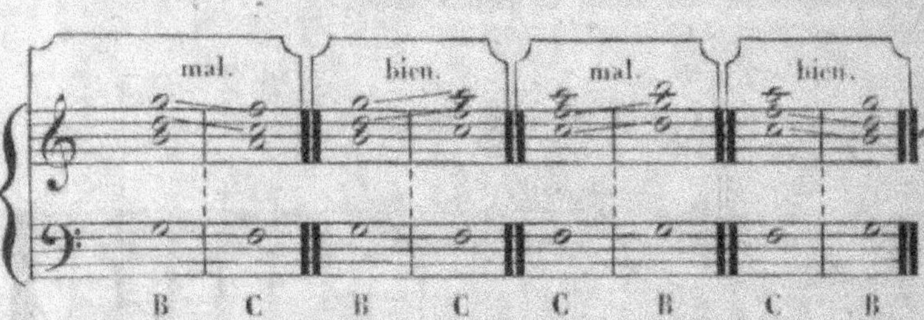

Les Basses sont placées dans les exemples ci-dessus, dans l'intention de démontrer à l'œil, que lorsque **B** et **C** ou que **C** et **B** se succedent; il y a faute, de deux Quintes et de deux Octaves lorsque les parties de l'harmonie marchent en mouvement semblable avec la basse, ce que l'on peut éviter en employant le mouvement contraire entre les parties de l'harmonie et la basse. Ces cas, se rencontrent toujours dans toute espèce de gamme complette, soit en majeur soit en mineur, lorsque dans la mélodie le 6me dégré monte sur le 7me ou que le 7me descend sur le sixième.

Les intervalles dont se composent l'harmonie de **A**, de **B**, ou de **C**, étant au nombre de trois, en comptant la réplique ou Octave du son fondamental; l'on peut placer ces intervalles dans trois positions différentes, sans apporter aucun changement dans l'harmonie donnée par le son fondamental.

EXEMPLES.

Chaque chiffre placé en avant des lettres, sert a indiquer la position particulière de chaque renversement, comme les lettres servent à indiquer la source de l'harmonie fondamentale dont chacun des renversements est tiré. Pour éviter la monotonie d'une basse qui ne ferait jamais entendre que les sons fondamenteaux des accords: l'on fait usage de ce moyen de renversement à la partie grave ou basse, en y faisant entendre tour-a-tour l'un des tons donné par l'harmonie fondamentale, ce qui donne alors, des accords que l'on nomme accords par renversements. Mais ce moyen ne doit s'employer que dans le cours des phrases dont les repos doivent presque toujours avoir lieu et s'opérer à la basse sur A1, ou sur B1, c'est-a-dire sous la tonique ou sur la dominante, et dont la terminaison en conclusion à la phrase finale, ne peut jamais avoir lieu à la basse que sur A1.

EXEMPLES de renversements à la Basse.

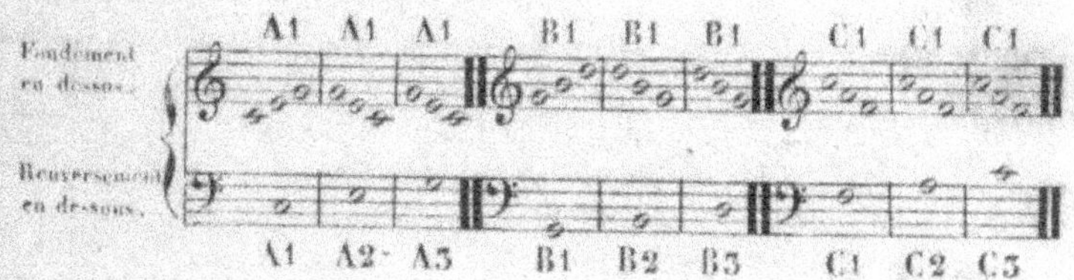

BOUS
Pour tous les Tons.

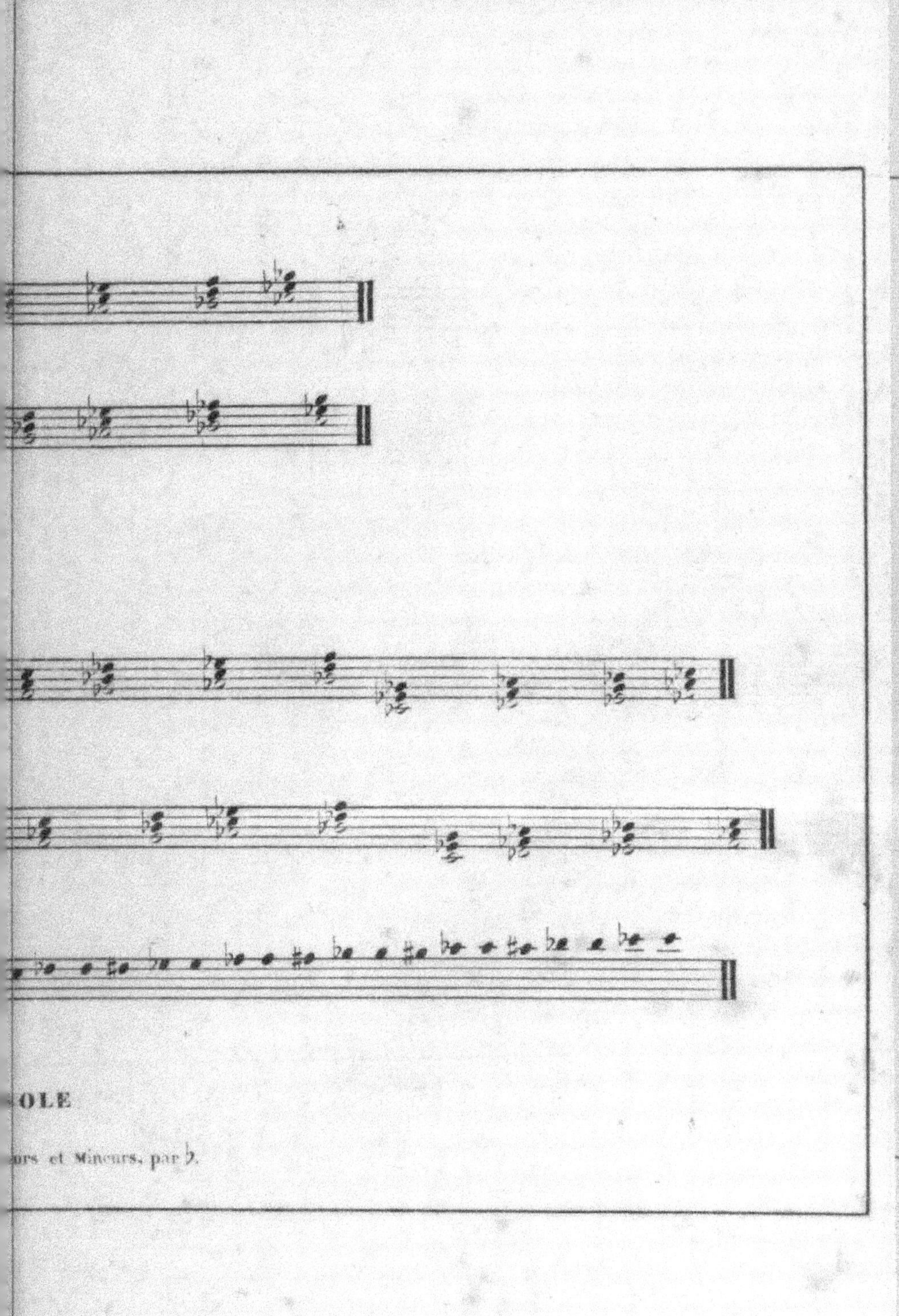

OLE
urs et Mineurs, par ♭.

BOUSS
Pour tous les Tons, Maj

LE.

et Mineurs, par ♯.

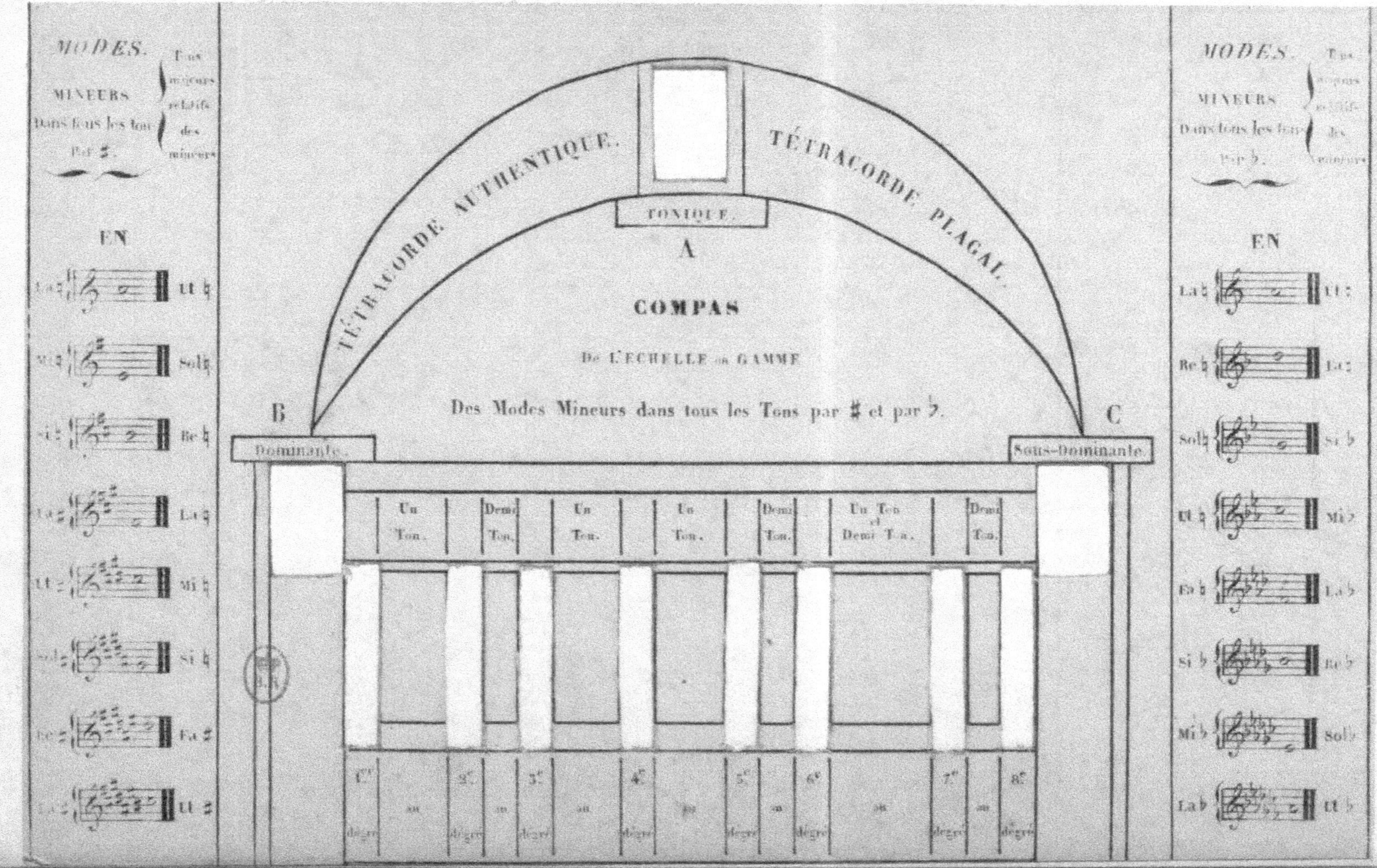

MODES.
MINEURS
Tous majeurs relatifs des mineurs
Dans tous les tons Par ♯
EN
TÉTRACORDE AUTHENTIQUE.
TÉTRACORDE PLAGAL.
TONIQUE.
A
COMPAS
De L'ÉCHELLE ou GAMME
Des Modes Mineurs dans tous les Tons par ♯ et par ♭.
B
Dominante.
C
Sous-Dominante.
Un Ton.
Demi Ton.
Un Ton.
Un Ton.
Demi Ton.
Un Ton et Demi Ton.
Demi Ton.
1er degré
2e degré
3e degré
4e degré
5e degré
6e degré
7e degré
8e degré
MODES.
MINEURS
Tous majeurs relatifs des mineurs
Dans tous les tons Par ♭
EN

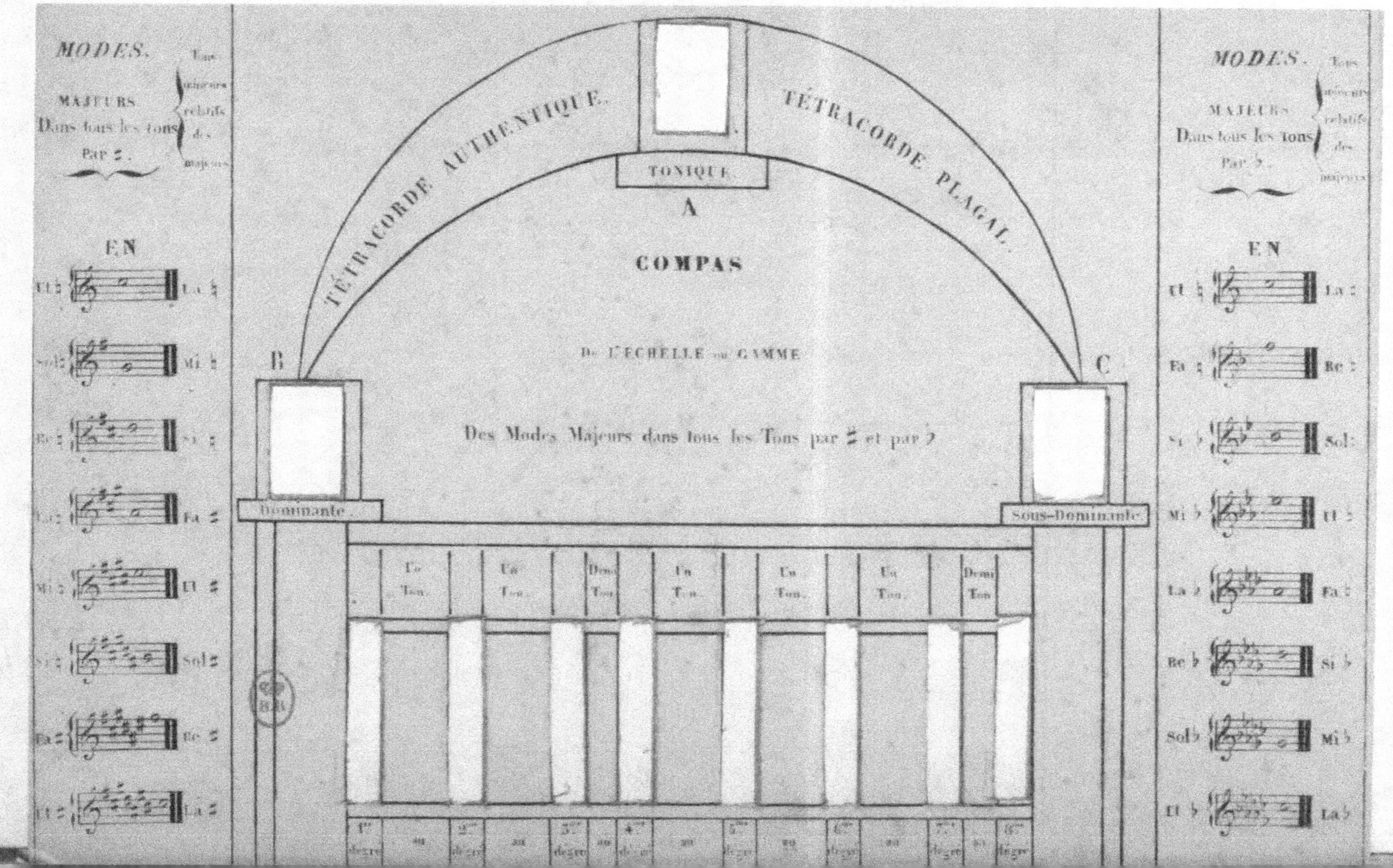

MODES.
MAJEURS
Dans tous les tons
Par ♯.
EN
TÉTRACORDE AUTHENTIQUE.
TÉTRACORDE PLAGAL.
TONIQUE.
A
COMPAS
De L'ÉCHELLE ou GAMME
Des Modes Majeurs dans tous les Tons par ♯ et par ♭
B
C
Dominante.
Sous-Dominante.
MODES.
MAJEURS
Dans tous les Tons
Par ♭.
EN
Un Ton.
Un Ton.
Demi Ton.
Un Ton.
Un Ton.
Un Ton.
Demi Ton.
1.er degré
2.me degré
3.me degré
4.me degré
5.me degré
6.me degré
7.me degré
8.me degré

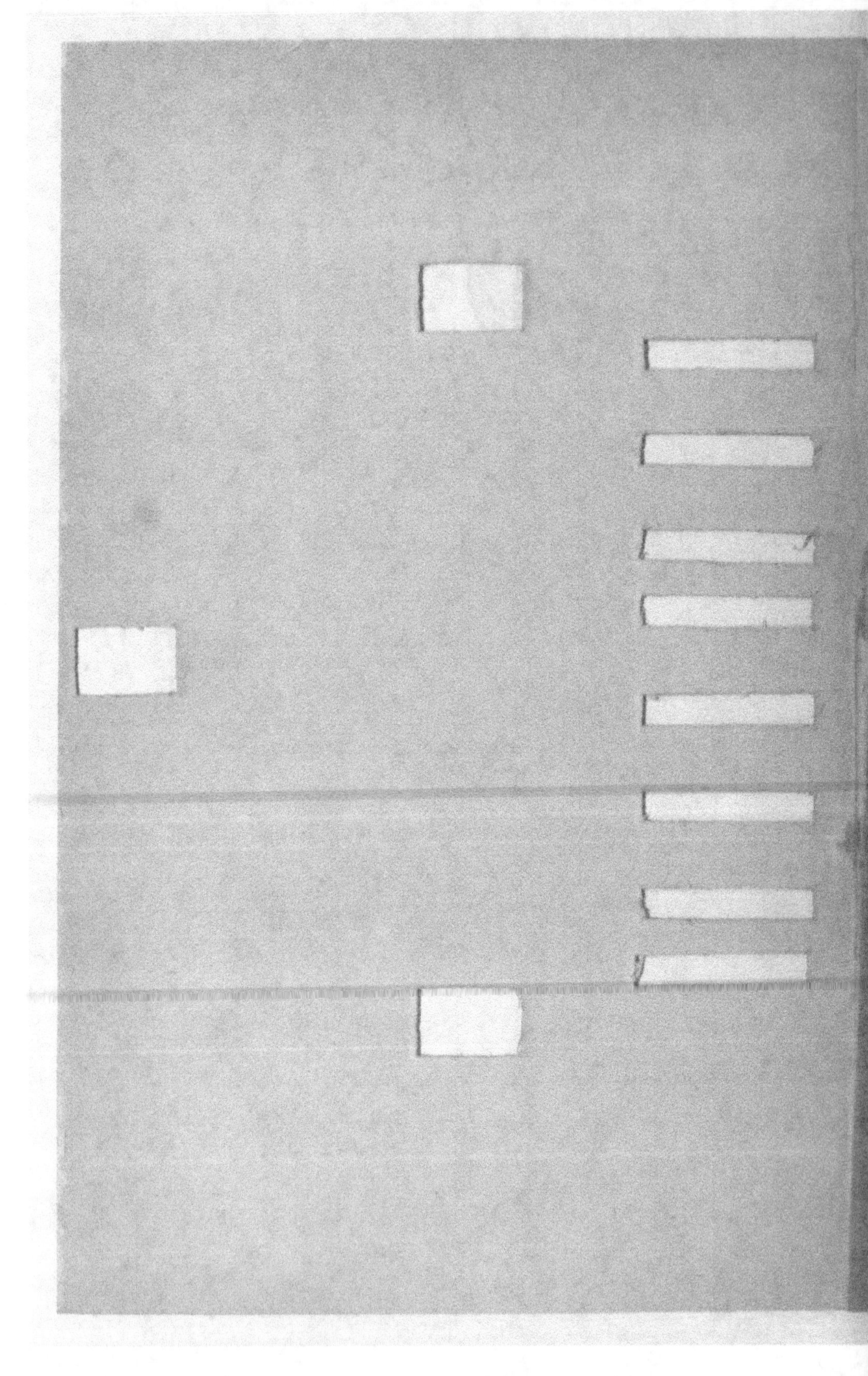